CHANSONS ET RONDES

ENFANTINES

Chartres. — Imp. GARNIER, 15, rue Noël-Ballay.

CHANSONS

ET

RONDES

ENFANTINES

PARIS

VERMOT, ÉDITEUR

6 ET 8, RUE DUGUAY-TROUIN

—

AVANT-PROPOS

Les rondes sont l'emploi naturel de ce besoin inné d'agir, de se mouvoir, qui constitue la force d'expansion de la jeunesse ; elles sont en même temps, la danse la plus naturelle, la plus ancienne et la plus gaie ; — les éclats joyeux des danseurs et danseuses, les mains unies, les pieds frappant en cadence, toutes les bouches répétant le même refrain ; ces tours sans fin, ces airs enjoués aux désinences naïves, ces pantomimes rapides, forment bien la réunion de tous les attributs de la franche et vive gaieté.

Il est à la connaissance de tous, pour en avoir usé chacun en son temps, que pour danser une ronde, on place alternativement un garçon ou une fillette, on forme un grand rond, et on tourne dans le même sens. Lorsque les amateurs sont nombreux, il arrive que l'on place les garçons le dos tourné au centre, de manière à faire face aux demoiselles qui forment un cercle extérieur ; cet arrangement est très agréable.

Dans toutes les rondes, on élit une personne de la réunion conducteur du jeu auquel on va se livrer; il est dû toute déférence à ce conducteur de jeu afin de bien exécuter la ronde.

Cet amusement est principalement destiné aux enfants, il continue une tradition dans toutes les générations de la société, comme autrefois les poésies du divin Homère se transmettaient de bouche en bouche à la suite des siècles.

Et pourquoi les grandes personnes dédaigneraient-elles de s'associer un peu à l'occasion, à ces jeux naïfs et simples qui ont fait le charme de nos premières années? les temps deviennent sombres, et justifient le mot sinistre de Darwin : *Struggle for life;* il est bon d'oublier quelquefois l'âpreté du présent et de se retremper dans les radieuses gaietés de la première enfance.

CHANSONS

ET

RONDES ENFANTINES

GIROFLÉ, GIROFLA

Que t'as de belles filles,
    Giroflé, girofla ;
Que t'as de belles filles,
L'amour m'y compt'ra.

Ell' son bell' et gentilles,
    Giroflé, girofla ;
Ell' son bell' et gentilles,
L'amour m'y compt'ra.

Donnez-moi z'en donc une
    Giroflé, etc.

J'irai au bois seulette,
    Giroflé, etc.

QUE T'AS DE BELLES FILLES!

Quoi faire au bois seulette,
Giroflé, etc.

Cueillir de la violette,
Giroflé, etc.

Pour mettre à ma coll'rette,
Giroflée, etc.

Si le roi t'y rencontre?
Giroflé, etc.

J'lui f'rai six révérences,
Giroflé, etc.

Si le diable t'y rencontre?
Giroflé, etc.

Je lui ferai les cornes,
Giroflé, girofla,
Je lui ferai les cornes,
L'amour m'y compt'ra.

Cette ronde est généralement chantée par les enfants. Ils se tiennent par la main et en chantant, rétrécissent et élargissent alternativement le rond.

Un d'eux, placé au centre de la ronde, répond à leurs interpellations.

QU'EST-CE QUI PASSE ICI SI TARD?

LA RONDE.

Qu'est-c'qui passe ici si tard?
Compagnon de la Marjolaine
Qu'est-c'qui passe ici si tard?
Gai, gai, dessus le quai.

LE CHEVALIER.

C'est le chevalier du Guet,
Compagnon de la Marjolaine,
C'est le chevalier du Guet,
Gai, gai, dessus le quai.

LA RONDE.

Que demand' le chevalier?
Compagnon de la Marjolaine.
Que demand' le chevalier?
Gai, gai, dessus le quai.

LE CHEVALIER.

Une fille à marier,
Compagnon de la Marjolaine,
Une fille à marier,
Gai, gai, dessus le quai.

QU'EST-C' QUI PASSE ICI SI TARD?

LA RONDE.

N'y'a pas de filles à marier,
Compagnon de la Marjolaine,
N'y'a pas de filles à marier,
Gai, gai, dessus le quai.

LE CHEVALIER.

On m'a dit que vous en aviez,
Compagnon de la Marjolaine.
On m'a dit que vous en aviez,
Gai, gai, dessus le quai.

LA RONDE.

Ceux qui l'ont dit s'sont trompés,
Compagnon de la Marjolaine,
Ceux qui l'ont dit s'sont trompés,
Gai, gai, dessus le quai.

LE CHEVALIER.

Je veux que vous m'en donniez,
Compagnon de la Marjolaine,
Je veux que vous m'en donniez,
Gai, gai, dessus le quai.

LA RONDE.

Sur les onze heur's repassez,
Compagnon de la Marjolaine,
Sur les onze heur's repassez,
Gai, gai, dessus le quai.

LE CHEVALIER.

Les onze heur's sont bien passées,
Compagnon de la Marjolaine.
Les onze heur's sont bien passées,
Gai, gai, dessus le quai.

LA RONDE.

Sur les minuit revenez,
Compagnon de la Marjolaine,
Sur les minuit revenez,
Gai, gai, dessus le quai.

LE CHEVALIER.

Voilà les minuit sonnés,
Compagnon de la Marjolaine,
Voilà les minuit sonnés,
Gai, gai, dessus le quai.

LA RONDE.

Mais nos filles sont couchées,
Compagnon de la Marjolaine,
Mais nos filles sont couchées,
Gai, gai dessus le quai.

LE CHEVALIER.

En est-il un' d'éveillé'?
Compagnon de la Marjolaine.
En est-il un' d'éveillé'?
Gai, gai, dessus le quai.

LA RONDE.

Qu'est-c' que vous lui donnerez?
Compagnon de la Marjolaine,
Qu'est-c' que vous lui donnerez?
Gai, gai, dessus le quai.

LE CHEVALIER.

De l'or, des bijoux assez,
Compagnon de la Marjolaine,
De l'or, des bijoux assez,
Gai, gai, dessus le quai.

LA RONDE.

Ell' n'est pas intéressé',
Compagnon de la Marjolaine,
Ell' n'est pas intéressé',
Gai, gai, dessus le quai.

LE CHEVALIER.

Mon cœur je lui donnerai,
Compagnon de la Marjolaine,
Mon cœur je lui donnerai,
Gai, gai, dessus le quai.

LA RONDE.

En ce cas-là choisissez,
Compagnon de la Marjolaine,
En ce cas-là choisissez,
Gai, gai, dessus le quai.

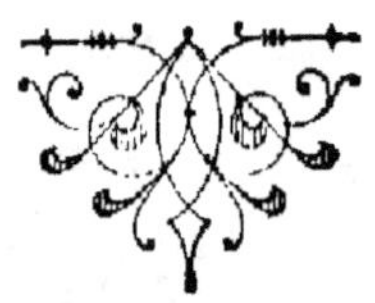

LES LAURIERS

Nous n'irons plus au bois,
Les lauriers sont coupés,
La belle que voilà

(A la dame à gauche du conducteur.

Les ira ramasser.

(Le monsieur placé près de cette dame

J'entends le tambour qui bat,

(Tout le monde frappe les mains.)

LA DAME.

Et l'amour qui m'appelle...

EN CHŒUR.

Eh ! vite dépêchez-vous
Embrassez la plus belle.

Les danseurs interpellés s'embrassent et passent à droite : on recommence le couplet jusqu'à ce que tous les couples aient passé.

IL ETAIT UNE BERGERE.

IL ÉTAIT UN' BERGÈRE

Il était un' bergère
Et ron, ron, ron, petit patapon ;
Il était un' bergère
Qui gardait ses moutons,
Ron, ron,
Qui gardait ses moutons.

Elle fit un fromage,
Et ron, ron, ron, petit patapon ;
Elle fit un fromage
Du lait de ses moutons,
Ron, ron,
Du lait de ses moutons.

Son chaton la regarde,
Et ron, ron, ron, petit patapon ;
Son chaton la regarde
Avec un air glouton,
Ron, ron,
Avec un air glouton.

Si tu y mets la patte,
Et ron, ron, ron, petit patapon ;
Si tu y mets la patte
Tu auras du bâton,
Ron, ron,
Tu auras du bâton.

Il n'y mit pas la patte,
Et ron, ron, ron, petit patapon ;
Il n'y mit pas la patte,
Il y mit le menton,
Ron, ron,
Il y mit le menton.

La bergère en colère,
Et ron, ron, ron, petit patapon
La bergère en colère,
A tué son chaton,
Ron, ron,
A tué son chaton.

Elle s'en fut à confesse,
Et ron, ron, ron, petit patapon ;
Elle s'en fut à confesse,
Vers le père Grignon,
Ron, ron,
Vers le père Grignon.

Lorsqu'on est arrivé à ce couplet, le conducteur du
jeu désigne un des joueurs pour remplir le rôle du
père Grignon. Celui-ci entre dans le rond, et la bergère s'agenouille devant lui en chantant :

Mon père, je m'accuse,
Et ron, ron, ron, petit patapon ;
Mon père, je m'accuse,
D'avoir tué mon chaton,
Ron, ron,
D'avoir tué mon chaton.

Le confesseur répond à sa pénitence en la relevant) :

Pour votre pénitence,
Et ron, ron, ron, petit patapon ;

> Pour votre pénitence,
> Nous nous embrasserons,
> Ron, ron,
> Nous nous embrasserons.

Il l'embrasse, lui prend les mains, tourne avec elle en sautant au milieu du rond, et la bergère chante avec le chœur ce dernier couplet :

> La pénitence est douce,
> Et ron, ron, ron, petit patapon ;
> La pénitence est douce,
> Nous recommencerons,
> Ron, ron,
> Nous recommencerons.

—•◇•—

A MOI ! A MOI !

> Pour amuser tout le monde,
> Il faut danser une ronde :
> Allons, monsieur (ou madame), faites votre choix,
> Et surtout revenez à moi,
> A moi ! à moi !

La personne placée au milieu du rond fait quelques tours et paraît hésiter. Lorsqu'elle a fait son choix, elle reprend sa place à gauche, et l'on entonne de nouveau :

> Pour amuser tout le monde,
> Il faut danser une ronde :
> Allons, monsieur, faites votre choix,
> Et surtout revenez à moi,
> A moi ! à moi !

jusqu'à ce que chacun ait été rappelé dans le milieu du rond.

LA BOULANGÈRE

Cette ronde, telle qu'elle se danse dans les réunions de grandes personnes, est fort animée et fort gaie. Elle est cependant d'une exécution très simple, et il n'est point nécessaire d'être danseur pour y prendre part.

On commence par former un rond, et l'on tourne en chantant :

> La boulangère a des écus,
> Qui ne lui coûtent guère, (*bis*)
> Elle en a, car je les ai vus.
> Vive la boulangère aux écus,
> Vive la boulangère !

Ici tout le monde s'arrête et se quitte les mains. Un couple (la boulangère et son soutien) se détache de la chaîne et entre dans le cercle. La boulangère s'avance ensuite en sautant vers le danseur qui était placé à sa droite, de la main droite lui prend la main gauche, tourne avec lui, et revient faire de même avec son soutien, pendant que l'on chante le refrain :

> J'ai vu la boulangère
> Aux écus
> J'ai vu la boulangère.
> Vive la boulangère aux écus,
> Vive la boulangère !

La boulangère fait ainsi tourner tous les cavaliers, en revenant chaque fois à son soutien.

Toutes les dames doivent remplir successivement le rôle de boulangère.

COMPÈRE GUILLERI

Il était un p'tit homme
Qui s'app'lait Guilleri,
      Carabi ;
Il s'en fut à la chasse,
A la chasse aux perdrix,
      Carabi,
    Toto, Carabo,
Marchand d'carabas,
Compère Guilleri ;
Te lairas-tu (*ter*) mouri?

Il s'en fut à la chasse
A la chasse aux perdrix,
      Carabi ;
Il monta sur un arbre
Pour voir ses chiens couri ;
      Carabi,
    Toto Carabo,
Marchand d'carabas,
Compère Guilleri ;
Te lairas-tu (*ter*) mouri?

GUILLERI.

CHANT
PIANO.
Il était un p'tit hom-me Qui s'app'lait Guilleri Ca-ra-bi; il s'en fut à la chas-se, A
la chasse aux per drix, Ca-ra-bi, To - to Ca-ra-bo, Marchand d'ca-ra-ba, Com - pè-re Guil-le-ri; Te lai-ras-

Il monta sur un arbre
Pour voir ses chiens couri,
      Carabi ;
La branche vint à rompre,
Et Guilleri tombi,
      Carabi,
   Toto carabo,
Marchand d'carabas.
Compère Guilleri ;
Te lairas-tu (*ter*) mouri ?

La branche vint à rompre,
Et Guilleri tombi
      Carabi ;
Il se cassa la jambe
Et le bras se démit,
      Carabi,
   Toto carabo,
Marchand d'carabas,
Compère Guilleri ;
Te lairas-tu (*ter*) mouri?

Il se cassa la jambe,
Et le bras se démit,
      Carabi ;
Les dam's de l'Hôpital
Sont arrivées au bruit,
      Carabi,

        Toto carabo,
Marchand de carabas,
Compère Guilleri ;
Te lairas-tu (*ter*) mouri?

Les dam's de l'Hôpital,
Sont arrivées au bruit,
        Carabi ;
L'une apporte un emplâtre,
L'autre de la charpi',
        Carabi,
    Toto carabo,
Marchand d'carabas,
Compère Guilleri ;
Te lairas-tu (*ter*) mouri ?

L'une apporte un emplâtre,
L'autre de la charpi',
        Carabi ;
On lui banda la jambe
Et le bras lui remit,
        Carabi,
    Toto carabo,
Marchand d'carabas,
Compère Guilleri ;
Te lairas-tu (*ter*) mouri?

On lui banda la jambe,
Et le bras lui remit,
        Carabi ;
Pour remercier ces dames
Guilleri les embrassit,
        Carabi,
    Toto, carabo,
Marchand d'carabas,
Compère Guilleri ;
Te lairas-tu (*ter*) mouri?

Pour remercier ces dames,
Guilleri les embrassit,
    Carabi ;
Ça prou'v que par les femmes
L'homme est toujours guéri,
    Carabi,
  Toto carabo,
Marchand d'carabas,
Compère Guilleri ;
Te lairas-tu (*ter*) mouri?

DONNEZ-MOI VOTRE FILLE.

DONNEZ-MOI VOTRE FILLE

Donnez-moi votre fille,
Ah! que de bi, que de baïonnettes
Donnez-moi votre fille,
Au nom du chardonn'ret.

Mon mari me battrait;
Ah! que de bi, que de baïonnettes!
Mon mari me battrait,
Au nom du chardonn'ret.

J'vous donn'rai cinq cents livres;
Ah! que de bi, que de baïonnettes!
J'vous donn'rai cinq cents livres
Au nom du chardonn'ret.

Gardez vos cinq cents livres;
Ah! que de bi, que de baïonnettes!
Gardez vos cinq cents livres,
Au nom du chardonn'ret.

J'emmène votre fille,
Ah! que de bi, que de baïonnettes !
J'emmène votre fille,
Au nom du chardonn'ret.

Ah ! rendez-moi ma fille ;
Ah ! que de bi, que de baïonnettes !
Ah ! rendez-moi ma fille,
Au nom du chardonn'ret.

Je la mène à l'église;
Ah! que de bi, que de baïonnettes!
Je la mène à l'église,
Au nom du chardonn'ret.

Eh bien ! prenez ma fille :
Ah ! que de bi, que baïonnettes !
Eh bien ! prenez ma fille,
Au nom du chardonn'ret.

LÉGENDE

Jean, quoique pauvre, était si gai qu'il chantait toujours, et qu'on le surnommait, dans son village, le Chardonneret. Il aimait bien Jeannette, et la demanda à sa mère : mais il était pauvre, le père de Jeannette était intéressé, Jean fut refusé; dans son chagrin, il ne chantait plus, et voulut se faire soldat. Justement, il vint à passer un régiment par le village, mais quand il vit tant de baïonnettes, il en eut si peur qu'il ne voulut plus aller à la guerre. Heureusement qu'il lui survint un héritage de cinq cents livres ! Cette somme, qui nous parait bien minime aujourd'hui, était autrefois une fortune dans un village.

Jean obtint la main de Jeannette, il retrouva sa gaieté, se remit à chanter comme un chardonneret et fit, dit-on, lui-même sa chanson qu'il apprit à ses enfants, et qui de traditions en traditions est arrivée jusqu'aux nôtres.

LE PETIT MARI

Mon pèr' m'a donné un mari ;
Mon Dieu ! quel homme,
Quel petit homme,
Mon pèr' m'a donné un mari,
Mon Dieu ! quel homme,
Qu'il est petit !

D'une feuille on fit son habit ;
Mon Dieu ! quel homme,
Quel petit homme,
D'une feuille on fit son habit,
Mon Dieu ! quel homme,
Qu'il est petit !

Le chat l'a pris pour un' souris ;
Mon Dieu ! quel homme,
Quel petit homme,
Le chat l'a pris pour un' souris,
Mon Dieu ! quel homme,
Qu'il est petit !

LE PETIT MARI.

Au chat! au chat! c'est mon mari;
 Mon Dieu! quel homme,
  Quel petit homme,
Au chat! au chat! c'est mon mari,
 Mon Dieu! quel homme,
  Qu'il est petit!

Je le couchai dedans mon lit;
 Mon Dieu! quel homme,
  Quel petit homme,
Je le couchai dedans mon lit:
 Mon Dieu! quel homme,
  Qu'il est petit!

De mon lacet je le couvris;
 Mon Dieu! quel homme,
  Quel petit homme,
De mon lacet je le couvris,
 Mon Dieu! quel homme,
  Qu'il est petit!

L feu à la paillasse a pris;
 Mon Dieu! quel homme,
  Quel petit homme.
Le feu à la paillasse a pris,
 Mon Dieu! quel homme,
  Qu'il est petit!

Mon petit mari fut rôti;
 Mon Dieu! quel homme,
  Quel petit homme.
Mon petit mari fut rôti,
 Mon Dieu! quel homme,
  Qu'il est petit!

Pour me consoler je me dis:
 Mon Dieu! quel homme,
  Quel petit homme.
Pour me consoler je me dis ·
 Mon Dieu quel homme,
  Qu'il est petit!

MARIANNE S'EN ALLANT AU MOULIN

Mariann' s'en allant au moulin, (*bis*)
Pour y faire moudre son grain ; (*bis*)
Elle monta sur son âne.
Ma p'tit' mamsell' Marianne !
Ell' monta sur son âne Martin
    Pour aller au moulin.

Le meunier qui la voit venir, (*bis*)
Ne peut s'empêcher de lui dire : (*bis*)
Attachez là votre âne
Ma p'tit' mamsell' Marianne,
Attachez là votre âne Martin
    Qui vous mène au moulin.

Pendant que le moulin tournait, (*bis*)
Avec le meunier elle riait. (*bis*)
Le loup mangea son âne,
Pauvre mamsell' Marianne ;
Le loup mangea son âne Martin,
    A la port' du moulin.

Le meunier qui la voit pleurer, (*bis*)
Ne peut s'empêcher de lui donner (*bis*)
De quoi ravoir un âne.
Ma p'tit' mamsell' Marianne,
De quoi ravoir un âne Martin
    Pour aller au moulin.

MARIANNE.

CHANT
PIANO.
Ma - riann s'en al - lant au mou - lin, Ma-
- riann' s'en allant au moulin Pour y faire moudre son grain, Pour
y fai-re mou-dre son grain, Ell' mon - ta sur son
â - ne, Ma p'tit' mamsell' Ma - rian - ne, Ell'

Son père qui la voit venir, (*bis*)
Ne peut s'empêcher de lui dire : (*bis*)
Ce n'est pas là notre âne ;
Ma p'tit mamsell' Marianne,
Ce n'est pas là notre âne Martin
    Qui allait au moulin.

Notre âne avait les quatr' pieds blancs (*bis*)
Et les oreilles à l'avenant, (*bis*)
Et le bout du nez pâle ;
Ma p'tit' mamsell' Marianne,
Oui, le bout du nez pâle, Martin,
    Qui allait au moulin.

LE LAURIER DE FRANCE.

LE LAURIER DE FRANCE

J'ai un beau laurier de France ;
Mon joli laurier danse,
Mon joli laurier.

Mademoiselle entrez en danse
Mon joli laurier danse,
Mon joli laurier.

Faites-nous trois révérences ;
Mon joli laurier danse,
Mon joli laurier.

Maintenant le tour de ta danse ;
Mon joli laurier danse,
Mon joli laurier.

Embrassez votre ressemblance ;
Mon joli laurier danse,
Mon joli laurier.

LE FURET DU BOIS JOLI

On sait que le furet se joue assis, ou debout, en dansant. Les joueurs forment cercle comme pour danser une ronde ordinaire, un d'eux, placé au milieu, s'appelle le chasseur. On prend un cordon ou un ruban d'une longueur relative à l'étendue du cercle; on passe un anneau dans ce cordon et on en fixe les deux bouts par un nœud. Cet anneau se nomme le furet. Ces préparatifs achevés, chacun saisit le cordon des deux mains, et les agite sans cesse comme s'il faisait couler le furet, afin d'empêcher le joueur du milieu de distinguer la personne qui fait réellement passer le furet à son voisin. En même temps on chante le refrain ci-dessus.

Pendant cette ronde, on fait effectivement courir le furet, et le joueur, placé au centre du cercle, nomme la personne dans les mains de laquelle il présume que l'anneau est resté. S'il devine juste, cette personne prend sa place, dans le cas contraire, on recommence en chantant de nouveau la ronde.

LE FURET DU BOIS JOLI.

Il court, il court, le furet,
Le furet du bois, mesdames,
Il court, il court, le furet,
Le furet du bois joli.

Il a passé par ici,
Le furet du bois, mesdames;
Il a passé par ici,
Le furet du bois joli.

Il court, il court, le furet,
Le furet du bois, mesdames;
Il court, il court, le furet,
Le furet du bois joli.

EN REVENANT DE LA FOIRE

En revenant de la foire,
De la foire de Saint-Jean,
Je rencontrai une vieille
Qui menait son âne aux champs,
Aux champs, le long d'sa garenne,
　　Hue! haye! mon âne,
Aux champs, le long d'sa garenne.
Haye! mon âne, mon bourriquet.

Je demandai à la vieille
Si ell' n'aimait pas le vin?
　　Par ma friqu', répondit-elle,
Pour de l'eau j' n'en voulons point
Pour du vin grand gobelet.
　　Hue! haye! mon âne,
Pour du vin grand gobelet,
Haye! mon âne, mon bourriquet.

Je demandai à la vieille
Si ell' n'avait pas d' mari?
　　Par ma friqu', répondit-elle.
Il y a trois ans qu' je l' perdis,
Vraiment j' l'avons ben pleuré.
　　Hue! haye! mon âne,
Vraiment j' l'avons ben pleuré;
Haye! mon âne, mon bourriquet.

EN REVENANT DE LA FOIRE.

Je demandai à la vieille
Si ell' n'avait pas d'enfants?
Par ma friqu', répondit-elle,
J'en ai un de quatre-vingts ans,
L'autre qui commence à marcher;
Hue! haye! mon âne,
L'autr' qui commence à marcher,
Haye! mon âne, mon bourriquet.

Je demandai à la vieille
Si ell' n'avait pas de dents?
Par ma friqu', répondit elle,
Avant-hier le grand vent
M'en abattit trente-deux;
Hue! haye! mon âne,
Il n' me rest' qu'un vieux crochet.
Haye! mon âne, mon bourriquet.

CÉCILIA

Mon pèr' n'avait d'enfant que moi, (*bis*)
Dessus la mer il m'envoya ;
   Sautez Mignonne,
     Cécilia,
  Ah! ah! Cécilia.

Dessus la mer il m'envoya, (*bis*)
Le batelier qui me passa,
   Sautez Mignonne,
     Cécilia,
  Ah! ah! Cécilia.

Le batelier qui me passa, (*bis*)
Me dit : Il faut payer pour ça,
   Sautez Mignonne,
     Cécilia,
  Ah! ah! Cécilia.

Me dit : Il faut payer pour ça. (*bis*)
— Mais je n'ai pas d'argent sur moi,
   Sautez Mignonne,
    Cécilia,
  Ah! ah! Cécilia.

CÉCILIA.

CHANT.
PIANO.
Mon pèr' n'a-vait d'en fant que
moi, Mon pèr' n'a-vait d'en-fant que moi; Dessur la
mer il m'en-vo-ya. Sau-tez, mi-gnonne, Cé-ci-li-
a! Ah! ah! Cé-ci-li-a!

Mais je n'ai pas d'argent sur moi, (*bis*)
— Pour un' chanson l'on vous pass'ra,
    Sautez Mignonne,
      Cécilia,
    Ah ! ah ! Cécilia.

Pour un' chanson l'on vous pass'ra, (*bis*)
— Écoutez donc cette chanson-là,
    Sautez Mignonne,
      Cécilia,
    Ah ! ah ! Cécilia.

Écoutez donc cette chanson-là, (*bis*)
Que chantent les oiseaux du bois,
    Sautez Mignonne,
      Cécilia,
    Ah ! ah ! Cécilia.

Que chantent les oiseaux du bois,
Qui dans leur langage joli,
    Sautez Mignonne,
      Cécilia,
    Ah ! ah ! Cécilia.

Qui dans leur langage joli,
Dis'nt que les garçons n' valent rien,
    Sautez Mignonne,
      Cécilia,
    Ah ! ah ! Cécilia.

Dis'nt que les garçons n' valent rien,
Et les hommes encor bien moins,
    Sautez Mignonne,
      Cécilia,
    Ah ! ah ! Cécilia.

Et les hommes encor bien moins,
Pour les femmes je n'en dis rien,
    Sautez Mignonne,
      Cécilia,
    Ah ! ah ! Cécilia.

Pour les femmes je n'en dis rien,
Pour les d'moisell's j'en dis du bien,
Sautez Mignonne,
Cécilia,
Ah ! ah ! Cécilia.

LE MARCHAND D'AMOUR

Au refrain de cette ronde, les danseurs lèvent et
avancent vivement les pieds l'un après l'autre au
milieu du rond, en sautant et chantant :

En m'en revenant de Caen,
J'aime le chant du merle blanc ;
J'ai rencontré un marchand ;
Légère, légère, légèrement,
Lève le pied, bergère légère,
Lève le pied légèrement.

Que portes-tu là dedans ?
J'aime le chant du merle blanc ;
Ce sont des amours que j'vends,
Légère, légère, légèrement,
Lève le pied, etc.

Combien les vends-tu le cent ?
J'aime le chant du merle blanc ;
Je les donne aux pauvres gens,
Légère, légère, etc.

Mais aux riches je les vends,
J'aime le chant du merle blanc ;
On me paie au bout de l'an,
Légère, légère, légèrement,
Lève le pied, bergère légère,
Lève le pied légèrement.

LA VIEILLE

A Paris dans une ronde,
Composée de jeunes gens ;
  Tire, lire, sautant,
Il se trouva une vieille
De passé quatre-vingts ans.
  Tire, lire, sautant,
  Sautant la vieille,
Qui croyait avoir quinze ans,
  Tire, lire, sautant.

Il se trouva une vieille,
De passé quatre-vingts ans.
  Tire, lire, sautant,
Elle choisit le plus jeune,
Qui était le plus galant ;
  Tire, lire, sautant,
  Sautant la vieille,
Qui croyait avoir quinze ans,
  Tire, lire, sautant.

Elle choisit le plus jeune,
Qui était le plus galant ;
  Tire, lire, sautant ;
Va-t'en, va-t'en, bonne vieille,
Tu n'as pas assez d'argent,
  Tire, lire, sautant,
  Sautant la vieille,
Qui croyait avoir quinze ans,
  Tire, lire, sautant.

LA VIEILLE.

Mouv. de valse.
CHANT
PIANO
A Paris, dans u-ne ron-de Composée de jeunes
gens, Ti-re lir' sautant, Il se trou-va u-ne vieil-le
De pas-sé qua-tre-vingts ans, Ti-re lir' sau-tant, Sau-
-tant, la vieil-le Qui cro-yait a-voir quinze

Va-t'en, va-t'en, bonne vieille,
Tu n'as pas assez d'argent,
    Tire, lire, sautant,
Si vous saviez c'qu'a la vieille
Vous n'en diriez pas autant ;
    Tire, lire, sautant,
    Sautant la vieille,
Qui croyait avoir quinze ans,
    Tire, lire, sautant.

Si vous saviez c'qu'a la vieille
Vous n'en diriez pas autant,
    Tire, lire, sautant,
Dis-nous donc ce qu'a la vieille ?
Elle a dix tonneaux d'argent,
    Tire, lire, sautant,
    Sautant la vieille,
Qui croyait avoir quinze ans,
    Tire, lire, sautant.

Dis-nous donc ce qu'a la vieille ?
Elle a dix tonneaux d'argent,
    Tire, lire, sautant,
Reviens, reviens, bonne vieille,
Marions-nous promptement ;
    Tire, lire, sautant,
    Sautant la vieille,
Qui croyait avoir quinze ans,
    Tire, lire, sautant.

Reviens, reviens, bonne vieille,
Marions-nous promptement,
  Tire, lire, sautant,
On la conduit au notaire :
Mariez-moi cette enfant,
  Tire, lire, sautant,
  Sautant la vieille,
Qui croyait avoir quinze ans,
  Tire, lire, sautant.

On la conduit au notaire :
Mariez-moi cette enfant
  Tire, lire, sautant,
Cette enfant, dit le notaire,
Elle a bien quatre-vingts ans ;
  Tire, lire, sautant,
  Sautant la vieille,
Qui croyait avoir quinze ans,
  Tire, lire, sautant.

Cette enfant, dit le notaire,
Elle a bien quatre-vingts ans,
  Tire, lire, sautant,
Aujourd'hui le mariage
Et demain l'enterrement,
  Tire, lire, sautant,
  Sautant la vieille,
Qui croyait avoir quinze ans,
  Tire, lire sautant.

Aujourd'hui le mariage
Et demain l'enterrement
  Tire, lire, sautant,
On fit tant sauter la vieille
Qu'elle est morte en sautillant :
  Tire, lire, sautant,
  Sautant la vieille,
Qui croyait avoir quinze ans,
  Tire, lire, sautant.

On fit tant sauter la vieille
Qu'elle est morte en sautillant,
  Tire, lire, sautant,
On regarde dans sa bouche,
Elle n'avait que trois dents;
  Tire, lire, sautant,
  Sautant la vieille,
Qui croyait avoir quinze ans,
  Tire, lire, sautant.

On regarde dans sa bouche,
Elle n'avait que trois dents;
  Tire, lire, sautant,
Un' qui branle, une qui hoche,
Et l'autre qui vole au vent.
  Tire, lire, sautant,
  Sautant la vieille,
Qui croyait avoir quinze ans,
  Tire, lire, sautant.

Un' qui branle, une qui hoche,
Et l'autre qui vole au vent,
  Tire, lire, sautant,
On regarde dans sa poche,
Elle n'avait qu'trois liards d'argent,
  Tire, lire, sautant,
  Sautant la vieille,
Qui croyait avoir quinze ans,
  Tire, lire, sautant.

On regarde dans sa poche,
Elle n'avait qu'trois liards d'argent,
  Tire, lire, sautant,
Ah! la vieille, la vieille, la vieille
Avait trompé le galant,
  Tire, lire, sautant,
  Sautant la vieille,
Qui croyait avoir quinze ans,
  Tire, lire, sautant.

PROMENONS-NOUS DANS LES BOIS

Une des personnes de la réunion fait le rôle du loup, une autre fait celui de la biche ; toutes les autres, se tenant par la robe, font la queue de la biche.

Le loup va se cacher, et tout le monde chante plusieurs fois en se pronenant :

> Promenons-nous dans les bois,
> Pendant que le loup n'y est pas.

LA BICHE.

Parlé.) Loup, loup, y es-tu ?...

LE LOUP.

Non...

TOUT LE MONDE.

(*Chanté.*)Promenons-nous dans les bois.
> Pendant que le loup n'y est pas.

LA BICHE.

(*Parlé.*) Loup, loup, y es-tu ?

LE LOUP.

Oui !...

LA BICHE.

Sauvons-nous !...

PROMENONS-NOUS DANS LES BOIS.

LE LOUP.

Je suis loup, loup, qui te mangera.

LA BICHE.

Je suis bibiche qui me défendra.

LE LOUP.

Défends ta queue !

Celle qui fait la biche empêche le loup de passer en étendant ses bras ; et celui ou celle qui fait le loup, tâche d'attraper la dernière personne ; quand elle y a réussi, cette personne est séparée de la queue, et quand le loup les a toutes prises, le jeu finit.

COQUELICOT, MESDAMES!

COQUELICOT MESDAMES

J'ai descendu dans mon jardin,
J'ai descendu dans mon jardin,
Pour y cueillir du romarin,
  Gentil coquelicot,
   Mesdames,
  Gentil coquelicot
  Nouveau.

Pour y cueillir du romarin,
Pour y cueillir du romarin,
J'n'en avais pas cueilli trois brins,
  Gentil coquelicot,
   Mesdames,
  Gentil coquelicot
  Nouveau.

J'n'en avais pas cueilli trois brins,
J'n'en avais pas cueilli trois brins,
Qu'un rossignol vient sur ma main;
  Gentil coquelicot,
   Mesdames,
  Gentil coquelicot
  Nouveau.

Qu'un rossignol vient sur ma main,
Qu'un rossignol vient sur ma main,
Il me dit trois mots en latin,
    Gentil coquelicot,
      Mesdames,
    Gentil coquelicot,
      Nouveau.

Il me dit trois mots en latin,
Il me dit trois mots en latin,
Que les hommes ne valent rien,
    Gentil coquelicot,
      Mesdames,
    Gentil coquelicot
      Nouveau,

Que les hommes ne valent rien,
Que les hommes ne valent rien;
Et les garçons encore bien moins,
    Gentil coquelicot,
      Mesdames,
    Gentil coquelicot,
      Nouveau.

Et les garçons encore bien moins,
Et les garçons encore bien moins
Des dames il ne me dit rien;
    Gentil coquelicot,
      Mesdames,
    Gentil coquelicot
      Nouveau.

Des dames il ne me dit rien,
Des dames il ne me dit rien;
Mais des d'moiselles beaucoup de bien,
    Gentil coquelicot,
      Mesdames,
    Gentil coquelicot
      Nouveau.

QUAND BIRON VOULUT DANSER

Quand Biron voulut danser, (*bis*)
Ses souliers fit apporter, (*bis*)
  Ses souliers tout ronds,
  Vous danserez, Biron.

Quand Biron voulut danser, (*bis*)
Sa perruque fit apporter, (*bis*)
  Sa perruque,
  A la turque,
  Ses souliers tout ronds,
  Vous danserez Biron.

Quand Biron voulut danser, (*bis*)
Son habit fit apporter, (*bis*)
  Son habit,
  De p'tit gris.
  Sa perruque
  A la turque,
  Ses souliers tout ronds,
  Vous danserez Biron.

Quand Biron voulut danser, (*bis*)
Sa veste fit apporter, (*bis*)
  Sa bell' veste,
  A paillettes,

QUAND BIRON VOULUT DANSER.

CHANT.

PIANO.

Son habit
De p'tit gris,
Sa perruque
A la turque,
Ses souliers tout ronds,
Vous danserez Biron.

Quand Biron voulut danser, (*bis*)
Sa culott' fit apporter, (*bis*)
Sa culotte
A la mode,
Sa bell' veste
A paillettes,
Son habit
De p'tit gris,
Sa perruque
A la turque,
Ses souliers tout ronds,
Vous danserez, Biron.

Quand Biron voulut danser, (*bis*)
Ses manchettes fit apporter, (*bis*)
Ses manchettes
Fort bien faites,
Sa culotte
A la mode,
Sa bell' veste
A paillettes,
Son habit
De p'tit gris,
Sa perruque
A la turque,
Ses souliers tout ronds,
Vous danserez Biron.

Quand Biron voulut danser, (*bis*)
Son chapeau fit apporter, (*bis*)
Son chapeau
En clabot,

Ses manchettes
Fort bien faites,
Sa culotte
A la mode,
Sa bell' veste
A paillettes,
Son habit
De p'tit gris,
Sa perruque
A la turque,
Ses souliers tout ronds,
Vous danserez, Biron.

Quand Biron voulut danser, (*bis*)
Son épée fit apporter, (*bis*)
Son épée
Affilée,
Son chapeau
En clabot,
Ses manchettes
Fort bien faites,
Sa culotte
A la mode,
Sa bell' veste
A paillettes,
Son habit
De p'tit gris,
Sa perruque
A la turque,
Ses souliers tout ronds,
Vous danserez, Biron.

Quand Biron voulut danser, (*bis*)
Son violon fit apporter, (*bis*)
Son violon
Son basson,
Son épée
Affilée,
Son chapeau
En clabot,

Ses manchettes
Fort bien faites,
Sa culotte
A la mode,
Sa belle veste
A paillettes,
Son habit
De p'tit gris,
Sa perruque
A la turque,
Ses souliers tout ronds,
Vous danserez, Biron,

SAVEZ-VOUS PLANTER LES CHOUX

Savez-vous planter les choux
A la mode, à la mode,
Savez-vous planter les choux,
A la mode de chez nous?

On les plante avec la main,
A la mode, à la mode,
On les plante avec la main,
A la mode de chez nous.

On les plante avec le pied,
A la mode, à la mode,
On les plante avec le pied,
A la mode de chez nous.

On les plante avec le coud',
A la mode, à la mode,
On les plante avec le coud',
A la mode de chez nous.

On les plante avec le nez,
A la mode, à la mode,
On les plante avec le nez,
A la mode de chez nous.

On les plante avec le g'nou,
A la mode, à la mode,
On les plante avec le g'nou,
A la mode de chez nous.

Cette chanson mimée amuse beaucoup les enfants, car, à chaque couplet, ils font le geste indiqué. Quand il y a une soliste, elle dit les deux premiers vers, et les autres enfants reprennent en chœur les deux autres versicules.

BIQUETTE ET LE LOUP

Biquette ne veut pas sortir du chou;
    Ah! tu sortiras,
    Biquette, Biquette,
    Ah! tu sortiras
    De ce chou-là!

On envoie chercher le chien afin de manger Biquette
Le chien ne veut pas manger Biquette,
Biquette ne veut pas sortir du chou.
    Ah! tu sortiras,
    Biquette, Biquette,
    Ah! tu sortiras
    De ce chou-là!

On envoie chercher le loup afin de manger le chien;
Le loup ne veut pas manger le chien,
Le chien ne veut pas manger Biquette
Biquette ne veut pas sortir du chou.
    Ah! tu sortiras,
    Biquette, Biquette,
    Ah! tu sortiras
    De ce chou-là!

BIQUETTE ET LE LOUP.

On envoie chercher le bœuf afin de manger le loup,
Le bœuf ne veut pas manger le loup,
Le loup ne veut pas manger le chien,
Le chien ne veut pas manger Biquette,
Biquette ne veut pas sortir du chou.

> Ah! tu sortiras,
> Biquette, Biquette
> Ah! tu sortiras
> De ce chou-là!

On envoie chercher le bâton afin de battre le bœuf,
Le bâton ne veut pas battre le bœuf,
Le bœuf ne veut pas manger le loup,
Le loup ne veut pas manger le chien,
Le chien ne veut pas manger Biquette,
Biquette ne veut pas sortir du chou.

Ah! tu sortiras,

Biquette, Biquette,

Ah! tu sortiras

De ce chou-là !

On envoie chercher le feu afin de brûler le bâton,
Le feu ne veut pas brûler le bâton.
Le bâton ne veut pas battre le bœuf,
Le bœuf ne veut pas manger le loup,
Le loup ne veut pas manger le chien,
Le chien ne veut pas manger Biquette,
Biquette ne veut pas sortir du chou.

Ah! tu sortiras,

Biquette, Biquette,

Ah! tu sortiras

De ce chou-là !

On envoie chercher l'eau afin d'éteindre le feu,
L'eau ne veut pas éteindre le feu,
Le feu ne veut pas brûler le bâton,
Le bâton ne veut pas battre le bœuf,
Le bœuf ne veut pas manger le loup,
Le loup ne veut pas manger le chien,
Le chien ne veut pas manger Biquette,
Biquette ne veut pas sortir du chou.

Ah! tu sortiras,

Biquette, Biquette,

Ah! tu sortiras

De ce chou-là !

L'eau veut bien éteindre le feu,
Le feu veut bien brûler le bâton,
Le bâton veut bien battre le bœuf,
Le bœuf veut bien manger le loup,
Le loup veut bien manger le chien,
Le chien veut bien manger Biquette,
Biquette veut bien sortir du chou.
Ah! tu sortiras,
Biquette, Biquette,
Ah! tu sortiras
De ce chou-là!

L'OSEILLE

L'autre jour plantant de l'oseille,
J'ai rencontré mon berger,
Qui m'a dit, tout bas à l'oreille
Je voudrais vous embrasser.

Ah! vraiment, la drôle de mode
Ce berger-là n'est point sot;
Il nous apprend la méthode,
De nous aimer comme il faut.

(*A la dame à droite du meneur.*)

Mad⸺e, entrez dans la danse
Regardez-en la cadence,
Et puis vous embrasserez
Celui que vous aimerez.

La dame désignée entre dans le rond et va présenter sa joue à un des danseurs ; elle passe ensuite à gauche du conducteur. Le couplet se répète, et l'on dit : *Monsieur entrez, etc..., et embrassez celle que vons aimerez.*

LE PONT D'AVIGNON.

LE PONT D'AVIGNON

Sur le pont d'Avignon,
L'on y danse, l'on y danse,
Sur le pont d'Avignon.
Tout le monde y danse en rond.

Les beaux messieurs font comme ça ;
Sur le pont d'Avignon,
Tout le monde y danse, danse,
Sur le pont d'Avignon,
Tout le monde y danse en rond.

Et les capucins font comme ça ;
Sur le pont d'Avignon,
Tout le monde y danse, danse,
Sur le pont d'Avignon,
Tout le monde y danse en rond

Les enfants peuvent ajouter tous les métiers ou toutes les professions qui leur viendront à la pensée, et singer autant que possible, leurs allures et leurs habitudes.

POLICHINELLE

Pan, pan. — Qu'est-c' qu'est là ?
   — C'est Polichinell',
      Mam'selle
Pan, pan ! — Qu'est-c' qu'est là ?
   C'est Polichinell' que v'là.

     Il n'est
    Pas bien fait :
   Mais il espère
    Vous plaire.
Ouvrez, s'il vous plaît,
 Il chant'ra son p'tit couplet.
Pan, pan. — Qu'est-c' qu'est là ?
   — C'est Polichinell',
      Mam'selle.
Pan, pan. — Qu'est-c' qu'est là ?
   C'est Polichinell' que v'là.

     Joyeux,
   En tous lieux,
 Toujours en cadence,
    Il danse,
 Marquant, à propos,
La mesure avec ses sabots.

POLICHINELLE.

Pan, pan. — Qu'est-c' qu'est là ?
— C'est Polichinell',
Mam'selle.
Pan, pan. — Qu'est-c' qu'est là ?
C'est Polichinell' que v'là.

Chez lui,
Point d'ennui ;
Sans négoce,
Il roul' sa bosse,
Il s'moque des sots,
Et s'promène en f'sant le gros dos.
Pan, pan. — Qu'est-c' qu'est là ?
— C'est Polichinell',
Mam'selle.
Pan, pan. — Qu'est-c' qu'est là ?
C'est Polichinell' que v'là.

Enfants,
P'tits et grands,
Il aspire
A vous faire rire ;
Disant : jeun's et vieux,
Quand on rit, on est heureux,
Pan, pan. — Qu'est-c' qu'est là ?
— C'est Polichinell',
Mam'selle.
Pan, pan. — Qu'est-c' qu'est là ?
C'est Polichinell' qu' v'là.

J'AIMERAI QUI M'AIME

Mam'selle entrez chez nous, (*bis*)
Mam'selle entrez encor un coup,
Afin que l'on vous aime;
Ah! j'aimerai, j'aimerai, j'aimerai,
Ah! j'aimerai qui m'aime.

Une amie, choisissez-vous, (*bis*)
Choisissez-la encor un coup,
Afin que l'on vous aime;
Ah! j'aimerai, j'aimerai, j'aimerai,
Ah! j'aimerai qui m'aime.

Mettez-vous à genoux, (*bis*)
Mettez-vous y encor un coup,
Afin que l'on vous aime;
Ah! j'aimerai, j'aimerai, j'aimerai,
Ah! j'aimerai qui m'aime.

Faites-vous les yeux doux.
Faites-vous-les encor un coup,
Afin que l'on vous aime;
Ah! j'aimerai, j'aimerai, j'aimerai,
Ah! j'aimerai qui m'aime.

J'AIMERAI QUI M'AIME.

Et puis embrassez-vous,
Embrassez-vous encor un coup,
Afin que l'on vous aime ;
Ah! j'aimerai, j'aimerai, j'aimerai,
Ah! j'aimerai qui m'aime.

Revenez parmi nous,
Revenez-y encor un coup,
Afin que l'on vous aime ;
Ah! j'aimerai, j'aimerai, j'aimerai,
Ah! j'aimerai qui m'aime.

RAMÈNE TES MOUTONS, BERGÈRE !

Le conducteur présente une dame pendant que l'on danse en rond :

La plus aimable à mon gré (*bis*)
Je vais vous la présenter : (*bis*)

Il lui quitte la main, et prenant celle d'une autre personne il forme, les bras en l'air, une arcade sous laquelle passe *la plus aimable* avec la chaine des danseurs. Ce mouvement s'exécute en chantant :

Nous lui ferons passer barrière,
Ramène tes moutons, bergère,
Ramène, ramène, ramène donc
Tes moutons à la maison.

Puis on se remet en rond et on tourne et saute en recommençant le refrain. Il est bon de varier l'épithète en disant : la plus mignonne, la plus gentille, la plus coquette, etc...

LE PAUVRE ET LE RICHE.

LE PAUVRE ET LE RICHE

Pauvre, pauvre que je suis,
Qui va, qui vient dans tous pays ;
   Serai-je toujours pauvre ?
   Mam'selle sera des nôtres.

Riche, riche que je suis,
Qui va, qui vient dans tous pays ;
   Serai-je toujours riche ?

Je marierai mes filles
Avec cinquante livres,
Et mes vilains garçons
Avec cent coups de bâton.

L'ALOUETTE ET LE PINSON

L'alouette et le pinson,
Tous deux se sont mariés,
Le lendemain de leur noce
N'avaient pas de quoi manger.
    Alouette,
  Ma tourlourisette ;
    Mon oiseau,
  Que tout lui faut.

Le lendemain de leur noce,
N'avaient pas de quoi manger.
Par ici passe un lapin
Sous son bras tenait un pain.
    Alouette,
  Ma tourlourisette ;
    Mon oiseau,
  Que tout lui faut.

Par ici passe un lapin,
Sous son bras tenait un pain ;
Mais du pain nous avons trop,
C'est de la viande qu'il nous faut.
    Alouette,
  Ma tourlourisette ;
    Mon oiseau,
  Que tout lui faut.

Mais du pain nous avons trop,
C'est de la viand' qu'il nous faut ;
Par ici passe un corbeau,
Dans son bec tient un gigot.
    Alouette,
  Ma tourlourisette ;
    Mon oiseau ;
  Que tout lui faut.

Par ici passe un corbeau,
Dans son bec tient un gigot ;
Mais d' la viande nous avons trop,
Et c'est du vin qu'il nous faut.
    Alouette,
  Ma tourlourisette ;
    Mon oiseau,
  Que tout lui faut.

"Mais d' la viande nous avons trop,
Et c'est du vin qu'il nous faut ;
Par ici passe un' souris,
A son cou pend un baril.
    Alouette,
  Ma tourlourisette ;
    Mon oiseau,
  Que tout lui faut.

Par ici passe un' souris,
A son cou pend un baril,
Mais du vin nous avons trop,
C'est d' la musique qu'il nous faut.
    Alouette,
  Ma tourlourisette ;
    Mon oiseau,
  Que tout lui faut.

L'ALOUETTE ET LE PINSON.

Mais du vin nous avons trop,
C'est d' la musique qu'il nous faut.
Par ici passe un gros rat.
Un violon tient dans son bras.
     Alouette,
   Ma tourlourisette ;
     Mon oiseau,
  Que tout lui faut.

Par ici passe un gros rat,
Un violon tient dans son bras ;
Serviteur, la compagnie,
N'y a-t-il pas de chat ici ?
     Alouette,
   Ma tourlourisette ;
     Mon oiseau,
  Que tout lui faut.

Serviteur, la compagnie,
N'y-a-il pas un chat ici ?
Entrez donc, maître, à danser.
Notre chat est au grenier.
     Alouette,
   Ma tourlourisette ;
     Mon oiseau,
  Que tout lui faut.

Entrez donc, maître, à danser,
Notre chat est au grenier,
Le chat descend du grenier,
Aval' le maître à danser.
     Alouette,
   Ma tourlourisette ;
     Mon oiseau,
  Que tout lui faut.

LE ROI DE SARDAIGNE.

LE ROI DE SARDAIGNE

C'était le roi de Sardaigne,
Qui faisait si peur aux gens,
Il avait mis dans sa tête
De détrôner le Sultan,
Ran, plan, plan, par derrière,
Ran, plan, plan, par devant.

Il avait mis dans sa tête
De détrôner le Sultan,
Il avait pour toute armée :
Quatre-vingt-dix paysans :
Ran, plan, plan, par derrière,
Ran, plan, plan, par devant.

Il avait pour toute armée ;
Quatre-vingt-dix paysans,
Et pour toute artillerie,
Quatre canons de fer-blanc,
Ran, plan, plan, par derrière,
Ran, plan, plan par devant.

Et pour toute artillerie,
Quatre canons de fer-blanc ;
Quand il fut sur la montagne ;
Mon Dieu que le monde est grand.
Ran, plan, plan, par derrière,
Ran, plan, plan, par devant.

Quand il fut sur la montagne,
Mon Dieu! que le monde est grand :
L'ennemi vint à paraître,
Sauv' qui peut, allons nous-en !
Ran, plan, plan par derrière,
Ran, plan, plan, par devant.

LA BONNE AVENTURE ENFANTINE

L'ENFANT.

Je suis un petit poupon,
  De bonne figure,
Qui aime bien les bonbons,
  Et les confitures :
Si vous voulez m'en donner,
Je saurai bien les manger.
   La bonne aventure,
     Oh ! gai !
   La bonne aventure.

LA MAMAN.

Lorsque les petits garçons,
Sont gentils et sages,
On leur donne des bonbons,
  De belles images ;
Mais quand ils se font gronder,
C'est l' fouet qu'il faut leur donner.
   La triste aventure,
     Oh ! gai !
   La triste aventure.

LA BONNE AVENTURE ENFANTINE.

L'ENFANT.

Je serai sage et bien bon,
Pour plaire à ma mère,
Je saurai bien ma leçon,
Pour plaire à mon père ;
Je veux bien les contenter,
Et s'ils veulent m'embrasser !...
  La bonne aventure,
       Oh ! gai !
  La bonne aventure.

LES FILLES A MARIER.

LES FILLES A MARIER

J'ai trente-deux filles à marier.
J'en ai rempli tout mon grenier,
Grand Dieu ! je ne sais comment
   Marier tous ces enfants.

Ma fille ! ma fille ! je parle à vous,
Ma mère ! ma mère ! que dites-vous ?
Je dis que, si vous êtes sage,
   Vous f'rez un beau mariage.

Je dis que, si vous êtes sage,
Vous ferez un beau mariage ;
Que vous aurez de beaux atours ;
   Mais du rond faites le tour,

Puis parcourant toute la danse,
Faites trois sauts, la révérence,
Et enfin vous embrasserez
   Celui que vous aimerez.

TROIS CENTS SOLDATS.

TROIS CENTS SOLDATS

Trois cents soldats revenant de la guerre, (*bis*)
  Ran plan, plan,

La fille du roi était à sa fenêtre, (*bis*)
  Ran plan, plan,

Fille du roi, donnez-moi votre rose, (*bis*)
  Ran plan, plan,

Gentil soldat, tu n'auras pas ma rose ; (*bis*)
  Ran plan, plan,

Sire, ô mon roi ! donnez-moi votre fille, (*bis*)
  Ran plan, plan,

Bel officier, tu n'es pas assez riche, (*bis*)
  Ran plan, plan,

J'ai deux vaisseaux dessus la mer jolie, (*bis*)
  Ran plan, plan.

L'un chargé d'or, l'autre de pierres fines, (*bis*)
  Ran plan, plan,

Tiens, dit le roi, je te donne ma fille, (*bis*)
  Ran plan, plan.

OÙ EST LA MARGUERITE?

OU EST LA MARGUERITE ?

Où est la Marguerite ?
Oh ! gai ! oh ! gai ! oh ! gai ;
Où est la Marguerite ?
Oh ! gai, franc cavalier.

Elle est dans son château,
Oh ! gai, etc.

Les murs en sont trop hauts
Oh ! gai, etc.

J'en abattrai un' pierre,
Oh ! gai, etc.

Un' pierre ne suffit pas,
Oh ! gai, etc.

J'en abattrai deux pierres,
Oh ! gai, etc.

Deux pierr's ne suffis'nt pas,
　　Oh! gai, etc.

J'en abattrai trois pierres,
　　Oh! gai, etc.

Qu'est-ce qu'il y a là dedans?
Un petit paquet de linge à blanchir.
Je vais chercher mon petit
Couteau pour le couper.

Les enfants se groupent autour d'une jeune fille à genoux, et lui tiennent sa robe levée au-dessus de la tête. Chaque fois que celle qui chante : « Où est la Marguerite, etc., » dit : « J'en abattrai une pierre, » elle emmène une jeune fille du groupe, et ainsi de suite jusqu'à la dernière qui tient toujours la robe. Quand le franc cavalier dit : « Chercher mon petit couteau, » on lâche la robe, et Marguerite s'enfuit poursuivie par tout le monde.

AH! MON BEAU CHATEAU

Les jeunes filles forment deux ronds vis-à-vis l'un de l'autre, et, chantent en dansant. On cède une jeune personne qui va rejoindre le premier rond, et le jeu continue jusqu'à ce qu'il ne reste plus qu'une seule personne du deuxième rond. Quand la dernière jeune personne est restée seule, le grand rond l'entoure et le jeu finit.

PREMIER ROND.

Ah! mon beau château,
Ma tant' tire, lire, lire,
Ah! mon beau château,
Ma tant' tire, lire, lo.

DEUXIÈME ROND

Le notre est plus beau,
Ma tant' tire, lire, lire,
Le notre est plus beau,
Ma tant' tire, lire, lo.

AH! MON BEAU CHATEAU!

RONDES ENFANTINES.

PREMIER ROND

Nous le détruirons,
Ma tant' tire, lire, lire,
Nous le détruirons,
Ma tant' tire, lire, lo.

DEUXIÈME ROND

Laquell' prendrez-vous
Ma tant' tire, lire, lire,
Laquell' prendrez-vous?
Ma tant' tire, lire, lo.

PREMIER ROND

(En montrant une jeune fille).

Celle que voici,
Ma tant' tire, lire, lire,
Celle que voici,
Ma tant' tire, lire, lo.

DEUXIÈME ROND

Que lui donn'rez-vous?
Ma tant' tire, lire, lire,
Que lui donn'rez-vous?
Ma tant' tire, lire, lo.

PREMIER ROND

Des jolis bijoux,
Ma tant' tire, lire, lire,
Des jolis bijoux,
Ma tant' tire, lire, lo.

DEUXIÈME ROND

Nous en voulons bien,
Ma tant' tire, lire, lire,
Nous en voulons bien,
Ma tant' tire, lire, lo.

4

LA TOUR, PRENDS GARDE.

Deux jeunes filles figurent la Tour, elles se tiennent par les mains.

Le Duc est assis, son Fils est près de lui ; il est entouré de ses gardes.

Le Colonel et le Capitaine se promènent devant la tour en chantant :

LE CAPITAINE ET LE COLONEL.

La tour prends garde (*bis*)
De te laisser abattre.

LA TOUR.

Nous n'avons garde (*bis*)
De nous laisser abattre.

LE COLONEL.

J'irai me plaindre (*bis*)
Au duque de Bourbon

LA TOUR.

Va-t'en te plaindre (*bis*)
Au duque de Bourbon.

LE COLONEL ET LE CAPITAINE.

(Mettant un genou en terre devant le Duc.)

Mon duc, mon prince, (*bis*)
Je viens me plaindre à vous.

LE DUC.

Mon capitaine, mon colonel, (*bis*)
Que me demandez-vous ?

LE COLONEL ET LE CAPITAINE.

Un de vos gardes, (*bis*)
Pour abattre la tour.

LE DUC (à un de ses gardes).

Allez, mon garde, (*bis*)
Pour abattre la tour.

Le garde se joint aux deux officiers qu'il suit ; et
l'on marche autour de la tour, en chantant :

La tour prends garde (*bis*)
De te laisser abattre.

LA TOUR.

Nous n'avons garde (*bis*)
De nous laisser abattre

LES OFFICIERS ET LE GARDE (revenant au duc.)

Mon duc, mon prince, (*bis*)
Je viens à vos genoux.

LA TOUR, PRENDS GARDE.

LE DUC.

Mon capitaine, mon colonel,
Que me demandez-vous.

LES OFFICIERS ET LES GARDES.

Deux de vos gardes, (*bis*)
Pour abattre la tour.

Le même jeu recommence, en demandant trois,
quatre, six gardes, selon le nombre des joueurs. On
continue la marche, et quand le duc n'a plus de
gardes à donner, on revient à lui :

LES OFFICIERS ET LES GARDES.

Mon duc, mon prince, (*bis*)
Je viens à vos genoux.

LE DUC.

Mon capitaine, mon colonel, (*bis*)
Que me demandez-vous?

LES OFFICIERS ET LES GARDES.

Votre cher Fisse, (*bis*)
Pour abattre la tour.

La tour refusant de se laisser abattre, la troupe revient et dit :

Votre présence, (*bis*)
Pour abattre la tour.

LE DUC.

Je vais moi-même, (*bis*)
Pour abattre la tour.

Le duc se met en la tête de ses gardes, il cherche à pénétrer dans la tour, en forçant les deux jeunes filles à séparer leurs bras ; chacune essaye l'une après l'autre, et celle qui parvient à abattre la Tour est proclamée Duc à la place de l'autre.

RIEZ, MES ENFANTS.

RIEZ MES ENFANTS.

Riez, riez, mes chers enfants;
Le rire à votre âge a des charmes,
C'est assez qu'en nos derniers ans
Nous payions le tribut aux larmes.
Riez, riez, petits amours,
Car vous ne rirez pas toujours.

Riez, lorsque l'heure des jeux
Succède à celle de l'étude,
Nous aimons à vous voir heureux
Sans soucis, sans inquiétude.
Riez, riez, petits amours,
Car vous ne rirez pas toujours.

Mais quand vous prenez la leçon
Que vous dicte l'expérience,
Que vos parents parlant raison,
Vous font partager leur science,
Ne riez pas de leurs discours,
Car vous ne ririez pas toujours.

LA BELLE CLAUDINETTE

Pourquoi donc, belle Claudinette,
N'me trouv'tu pas charmant?
D'puis les pieds jusqu'à la tête,
J'suis bâti comme un galant.

Pourquoi donc, belle Claudinette,
N'me trouv'tu pas charmant?
Depuis les pieds jusqu'à la tête
J'suis bâti comme un galant
J'ons les jambes faites en serpette
Et les ch'veux comme du chiendent.

J'ons les jambes faites en serpette
Et les ch'veux comm'du chiendent.
J'ons l'dos plat comme une galette,
Et l'teint couleur de safran.
     Pourquoi donc, etc.

J'ons l'dos plat comme une galette,
Et l'teint couleur de safran.
J'jouerais bien de la musette
Si j' n'en perdais tout not'vent
    Pourquoi donc, etc.

J'jouerais bien de la musette
Si j' n'en perdais tout not'vent,
J'connaissons not'alphabet
Et j'ép'lons tout couramment.
    Pourquoi donc, etc.

J'connaissons not'alphabet
Et j'ép'lons tout couramment.
J'suis riche et dans ma pochette,
J'ons quatre pièces de six blancs.
    Pourquoi donc, etc.

J'suis riche et dans ma pochette
J'ons quatre pièces de six blancs
Y a d'quoi faire tourner la tête
A toutes les filles de céans.
Crois-moi ma belle Claudinette,
J'suis un homme bien charmant.

On marque le pas pendant que le conducteur chante
et l'on tourne rapidement au refrain.

L'AVOINE

L'avoine.

Qui veut ouïr, qui veut savoir
Comme on sème l'avoine ?
Mon père la semait ainsi :

Tout le monde étend les bras en imitant l'action
de semer :

Puis il se reposait ainsi :

(Chaque fois que revient cette phrase on se croise
les bras, puis on tourne sur soi-même en disant :)

Un petit tour pour le lendemain.
Avoine ! avoine ! avoine !
Que le bon Dieu t'amène !

On se reprend les mains et l'on tourne en sautant :

Qui veut ouïr, qui veut savoir
Comment on coupe l'avoine ?
Mon père la coupait ainsi :

(On imite l'action de moissonner.)

Puis il se reposait ainsi :
Un petit tour pour le lendemain.
Avoine ! avoine ! avoine !
Que le bon Dieu t'amène.

Qui veut ouïr, qui veut savoir
Comment on doit lier l'aveine?
Mon père la liait ainsi :

Les dames passent leur mouchoir au cou des
messieurs qui passent le bras autour du cou des
dames.

Puis il se reposait ainsi, etc.
Qui veut ouïr, qui veut savoir
Comment on doit battre l'aveine?
Mon père la battait ainsi :

Ici les dames tapent sur les épaules de leurs voisins,
qui se vengent par des baisers.
Puis on reprend une dernière fois le refrain :

Puis il reposait ainsi, etc.

DANS NOTRE VILLAGE

Dans notre village
Il est un avocat,
Trois jeun's dam's y sont allées ;
Saute, l'avocat de paille,
    Saute l'avocat !

Le pauvre avocat
Se trouve bien surpris
D'avoir tant étudié
Pour n'avoir rien appris ;
Saute, l'avocat de paille,
    Saute l'avocat !

Cette ronde demande un nombre impair de danseurs.

On tourne en se tenant la main jusqu'à : « Saute l'avocat, » où la chaîne se rompt.

Chaque dame (ou chaque fillette) tend les deux mains à sa voisine de droite ou de gauche avec laquelle elle tourne durant le refrain.

Le nombre des danseurs étant impair il en reste toujours un sans partenaire : c'est l'avocat de paille, qui tourne tout seul et donne un gage.

LES MARIAGES

Et ! qui marierons-nous ?
Mademoiselle, ce sera vous (*bis*)

(En désignant une dame.)

Entrez dans la danse ;

(La dame désignée entre dans le rond.)

J'aimerai qui m'aimera,
J'aimerai qui m'aime.
Eh ! qui lui donnerons-nous ? (*bis*)
Mon bon monsieur, ce sera vous ;

(On désigne un monsieur.)

Entrez dans la danse :
J'aimerai qui m'aimera,
J'aimerai qui m'aime,
Mes amis, embrassez-vous ; (*bis*)

(Le couple s'embrasse.)

Embrassez-vous encore un coup,

(Il recommence.)

Grâce au jeu d'amourette,
J'aimerai qui m'aimera.
J'aimerai qui m'aime.

FOULONS L'HERBE

Le groupe de danseurs chante les deux premiers vers en tournant et en sautant en rond :

> Foulons, foulons, foulons l'herbe,
> Foulons l'herbe, elle reviendra.

Chaque cavalier tend ensuite la main gauche à la dame qui est à sa droite, et la fait passer à sa gauche.

Ce mouvement s'opère en chantant la fin du couplet :

> Passez par ici, et moi par là.
> Foulons, foulons, foulons l'herbe,
> Foulons l'herbe, elle reviendra.

Après que ces derniers vers ont été chantés deux fois, on recommence la ronde.

MAM'SELLE, ENTREZ CHEZ NOUS

Mam'selle, entrez chez nous,
Mam'selle, entrez chez nous ;
Mam'selle, entrez encore un coup.
C'est par un cœur d'amour.
Ah! j'aimerai qui m'aime, m'aime,
Ah! j'aimerai qui m'aimera!

Quelle amie prenez-vous ? (*bis*.)
Choisissez-la encore un coup.
C'est par un cœur d'amour.
Ah! j'aimerai qui m'aime, m'aime.
Ah! j'aimerai qui m'aimera!

Mettez-vous à genoux, (*bis*)
Mettez-vous y encore un coup.
C'est par un cœur d'amour.
Ah! j'aimerai qui m'aime, m'aime,
Ah! j'aimerai qui m'aimera!

Faites-vous les yeux doux, (*bis*)
Faites-vous les encore un coup,
  C'est un cœur d'amour.
Ah! j'aimerai qui m'aime, m'aime,
  Ah! j'aimerai qui m'aimera

Et puis embrassez-vous, (*bis*)
Embrassez-vous encore un coup,
  C'est un cœur d'amour.
Ah! j'aimerai qui m'aime, m'aime,
  Ah! j'aimerai qui m'aimera!

Mam'selle rentrez chez vous (*bis*)
Mam'selle rentrez encore un coup,
  C'est un cœur d'amour.
Ah! j'aimerai qui m'aime, m'aime,
  Ah! j'aimerai qui m'aimera!

IL FAUT QUE ÇA GUÉRISSE

Dans cette ronde, chaque joueur choisit une infirmité que le conducteur doit guérir.

Donn'-moi ton bras que j'te guérisse,
Car tu m'as l'air malade,
Car tu m'as l'air malade.
Lon la.
Car tu m'as l'air malade.

Cueille la plante que voilà.
C'est un fort bon remède,
C'est un fort bon remède
Lon la
Il faut que le mal cède.

Danse sur le pied que voilà,
C'est un fort bon remède
C'est un fort bon remède,
Lon la,
Il faut que le mal cède.

Frotte-toi bien l'œil que voilà,
  C'est un fort bon remède. (*bis*)
      Lon la, etc.
Mon cadeau te redressera,
  C'est un fort bon remède. (*bis*)
      Lon la, etc.

Inutile de faire remarquer que ce dernier couplet doit être adressé à un joueur remplissant le rôle de bossu.

LA NOUVELLE FAÇON

La troupe des danseurs répète les refrains chantés par le capitaine ou conducteur du jeu, et imite ses mouvements.

> Savez-vous comment l'on danse
> A la nouvelle façon ? (*bis*)
> Garde à vous ! — Attention au commandement !

(On s'arrête avançant la main droite, puis la gauche.)

> Une main, deux mains
> Et voici comment l'on danse
> A la nouvelle façon. (*bis*)
> Continuons cette danse
> A la nouvelle façon. (*bis*)
> Garde à vous ! — Attention au commandement !

(En avançant le pied droit, puis le gauche.)

> Un pied, deux pieds.
> Et voici comment l'on danse
> A la nouvelle façon.
> Voyons encore cette danse
> A la nouvelle façon. (*bis*)
> Garde à vous ! — Attention au commandement !

Une main, — deux mains,
Un pied, — deux pieds.

(Embrassez à droite.)

Et voilà comment l'on danse
A la nouvelle façon

Il faut finir cette danse
A la nouvelle façon. (*bis*)

Une main, — deux mains,
Un pied, — deux pieds.
Et voici comment l'on danse
A la nouvelle façon.

ON VOUS EN RATISSE, TISSE

Les couplets suivants se chantent en dansant en rond.

Vous qui convoitez un cœur
Et qui briguez sa faveur,
Profitez du temps propice;
Car bientôt l'on vous dira:

Les danseurs se quittent la main et se frottant de l'index gauche le dessus de l'index droit, ils imitent l'action de ratisser.

On vous en ratisse, tisse,
On vous en rattissera.

Vous qui croyez qu'un galant
Doit être toujours constant,
Obéissant, sans artifice,
Bientôt on vous l'apprendra!
On vous en ratisse, tisse, etc.

Vous qui pensez qu'un époux.
Ne respirant que par vous,
Comme celui d'Eurydice,
Jusqu'aux enfers vous suivra :
On vous en ratisse, tisse, etc.

Dans les rondes très souvent
On finit en s'embrassant :
Mais voyez donc la malice,
Ces dames disent déjà :
On vous en ratisse, tisse,
On vous en ratissera.

LE MEUNIER

Les joueurs forment deux bandes qui s'avancent l'une vers l'autre en chantant :

> Meunier, tu dors,
> Ton moulin, ton moulin va trop vite
> Meunier, tu dors,
> Ton moulin, ton moulin va trop fort.

Après quelques allées et venues, les deux groupes forment un grand rond et tournant en précipitant le mouvement du chant et de la danse.

QUE SAIS-TU DONC FAIRE ?

Les danseurs étant disposés en rond, sautent en tournant et en chantant :

Dis-moi donc, vieillard, que sais-tu donc faire ?
Sais-tu bien jouer de la mise en l'air,

(Le conducteur lève les bras en l'air, tourne sur lui-même, puis battant des mains, il répond :)

L'air ! l'air ! l'air !
Ah ! ah ! ah !
De la mise en l'air !

(A chaque fois, toute la troupe imite son mouvement.)

Dis-moi donc vieillard, que sais-tu donc faire ?
Sais-tu bien jouer de la mise en boire,
De la mise en boire ?

(Le conducteur fait le geste de boire.)

Boire   boire ! boire !
Ah ! etc.,
De la mise en boire !

Dis-moi donc, vieillard, que sais-tu donc faire ?
Sais-tu bien jouer de la mise en flûte,
De la mise en flûte ?

(On imite la flûte.)

Flûte! flûte! flûte!
Ah! etc,
De la mise en flûte!

Dis-moi donc vieillard, que sais-tu donc faire?
Sais-tu bien jouer de la mise en vielle,
De la mise en vielle?

(Geste du joueur de vielle.)

Vielle! vielle! vielle!
Ah! etc.,
De la mise en vielle!

Dis-moi donc, vieillard, que sais-tu donc faire?
Sais-tu bien jouer des deux pieds en l'air,
Des deux pieds en l'air?

(On saute alternativement sur chaque pied.)

L'air! l'air! l'air!
Ah! etc.,
Des deux pieds en l'air!

Dis-moi donc, vieillard, que sais-tu donc faire?
Sais-tu bien jouer de la mise en arme,
De la mise en arme?

On fait mine de porter l'arme.)

Arme! arme! arme!
Ah! etc.,
De la mise en arme!

LE CORDONNIER

Les joueurs forment un cercle en se tenant par les deux bouts d'un mouchoir.

Le cordonnier choisi par le sort, se place au centre, assis par terre ou à genoux. Si c'est une cordonnière, on lui donne un tabouret.

Tout en simulant les opérations de son métier, le cordonnier dit avec volubilité :

Allons, belles, belles, des souliers,
Que j'en essaie à vos jolis pieds ;

Tout le monde tournant et courant le plus vite possible, lui répond

Essayez ! essayez ! essayez !

Alors, en étendant les bras et sans quitter sa place, il tâche d'arrêter une pratique en saisissant le bas d'une robe ou la jambe d'un pantalon.

La personne atteinte donne un gage et devient cordonnier.

LA MÈRE BONTEMPS

La mère Bontemps
S'en allait, disant aux fillettes:
Dansez, mes enfants,
Tandis que vous êtes jeunettes;
La fleur de gaîté
Ne croît point l'été;
Née au printemps comme la rose,
Cueillez-la dès qu'elle est éclose.
Dansez à quinze ans,
Plus tard il n'est plus temps.

Les jeux et les ris
Dansèrent à mon mariage;
Mais bientôt j'appris
Qu'il est d'autres soins en ménage:
Mon mari grondait,
Mon enfant criait,
Moi, ne sachant auquel entendre,
Aux plaisirs pouvais-je prétendre?
Dansez à quinze ans,
Plus tard il n'est plus temps.

Le temps arriva
Ou je devins une grand'mère;
Quand on en est là
Danser n'intéresse plus guère,
On tousse en parlant,
On marche en tremblant,
Au lieu de danser la gavotte,
Dans un grand fauteuil on radote.
Dansez à quinze ans
Plus tard il n'est plus temps.

OLIVÉ BEAUVÉ

On tire au sort à qui sera *Olivé Beauvé* et *la Voisine*.

Le reste de la troupe se met en ligne, et tous se prennent par la main, *Olivé*, tenant le milieu.

La *Voisine*, placée au bout de la chambre, s'avance directement vers Olivé en dansant et en chantant :

> Que tu as de jolies filles !
> Olivé Beauvé ;
> Que tu as de jolies filles !
> Sur le pont-chevalier.

Olivé Beauvé répond :

> Elles sont plus jolies que les tiennes,
> Olivé Beauvé ;
> Elles sont plus jolies que les tiennes,
> Sur le pont, etc.

LA VOISINE.

> Veux-tu bien m'en donner une,
> Olivé Beauvé ?
> Veux-tu bien m'en donner une,
> Sur le pont, etc.

OLIVÉ BEAUVÉ.

Je la donne, si tu l'attrapes,
Olivé Beauvé,
Je la donne, si tu l'attrapes,
Sur le pont, etc.

A ces mots, la voisine s'élance pour saisir une des demoiselles qui forment les extrémités de la chaîne ; mais Olivé et les joueurs tournent de manière à déjouer ses attaques. Si la voisine réussit elle emmène sa capture.

Quand elle est parvenue à enlever toutes les filles d'Olivé, elle prend la place de celui-ci qui devient la voisine.

TABLE DES MATIÈRES

www.ingramcontent.com/pod-product-compliance
Lightning Source LLC
LaVergne TN
LVHW050833200726
843507LV00001B/286